Melanie Grade

Unheimliche Klassenfahrt

Die Abfart

Endlich sollte es losgehen! Die Klassen 6a und 6b der Lünemann-Schule gingen auf Klassenfahrt – ihr Ziel war die Burg Helmstedt. Die Schüler waren schon seit Tagen ganz aufgeregt und sprachen über nichts anderes mehr. Sie hatten sich gegenseitig vorgeschwärmt, wie aufregend so eine Burg mit Burggraben, Burgverlies und natürlich einem Burggespenst wohl sein könnte. Vor allem freuten sie sich darauf, was sie dort wohl alles anstellen könnten. Genau daran – wohl eher mit Sorge – dachten auch die beiden Klassenlehrer, Herr Cramer und Frau Heinen, die ihre Schüler begleiten würden.

Am Tag der Abreise versuchten die beiden Lehrer die Übersicht über die schnatternde Schar zu behalten, damit trotz der allgemeinen Aufregung alles glatt lief und alle heil in den wartenden Bus kamen. „Hoffentlich ist es eine romantische Burg, auf der man sich so richtig als Burgfräulein fühlt", schwärmte die blonde Anne. Benno verzog das Gesicht: „Dann pass auf, dass dich auch ja kein Schlossgespenst entführt ...", sagte er und alle kicherten. Für die vier Freunde Peter, Frank, Marie und Ute, die alles gemeinsam machten, war klar, dass sie im Bus auf den begehrten Plätzen in der letzten Reihe sitzen wollten. Logisch, alle wollten in die letzte Reihe! Marie und Peter schafften es aber tatsächlich die Plätze zu ergattern und verteidigten sie tapfer, bis sie mit Frank und Ute zusammensaßen. Herr Cramer und Frau Heinen waren froh, als endlich alle einen Platz gefunden hatten. Sie zählten ihre Schüler noch einmal durch und schon ging es los.

Nach vier Stunden Busfahrt trafen sie am Ziel ein: Vor ihnen lag, von grünen Hügeln umgeben, Burg Helmstedt. Das alte Gemäuer war in eine Jugendherberge umgebaut worden und dort wollten die Klassen nun fünf Tage verbringen.

Die Schüler staunten nicht schlecht, als sie vor dem altertümlichen Gebäude standen. Die Burg war ganz verwinkelt und mit vielen Türmen und Zinnen verziert. Durch ein großes Tor und über einen Hof gelangte man ins Burginnere.
„Das ist ja wirklich toll“, raunte Ute, „so hab ich mir das vorgestellt.“ „Was man hier alles anstellen kann!“, rief Peter begeistert.

Der kleine Mann

Doch zunächst standen sie im Burghof und warteten darauf, dass sie ihre Zimmer beziehen konnten. Frau Heinen und Herr Cramer sprachen lange mit einem kleinen Herrn in Arbeitskleidung, Herrn Wolke. Er war ein älterer Mann mit einer großen, altmodischen Brille und weißem Haar, der einen sehr netten Eindruck

machte. Er war gerade damit beschäftigt den Burghof zu fegen. Eigentlich war er Rentner, doch während der Abwesenheit des Besitzers sorgte er dafür, dass alles seine Ordnung hatte.

Anscheinend gab es ein Problem, denn das Gespräch

dauerte recht lange. Herr Wolke und auch Frau Heinen und Herr Cramer machten einen besorgten Eindruck. Nach einer Weile wurden die Schüler doch noch hineingewunken.

„Wie unheimlich und geheimnisvoll", meinte Marie staunend, als sie die große Eingangshalle betraten. Die Decke reichte mehrere Meter in die Höhe. Auf der rechten Seite befand sich eine lange, gewundene Treppe, die in das obere Stockwerk führte. Rechts führte ein großer Rundbogen zum Speisesaal. Die Halle selbst war dekoriert mit alten Ritterrüstungen und großen Familienporträts in schweren Goldrahmen. Der Boden war bedeckt mit dicken Teppichen,

die vor dem kalten Steinfußboden schützten. Die meterhohen Wände waren aus jahrhundertealtem Naturstein gehauen worden. Lange Stoffbahnen aus schwerem, dunkelroten Samt hingen an der Wand. Sie ähnelten langen, mittelalterlichen Fahnen und waren mit dem Familienwappen versehen. Zwischen diesen Stoffbahnen hatte man alte Kerzenhalter angebracht, die zwar mit kleinen elektrischen Lichtern bestückt waren, die Halle aber in ein gespenstisches Licht tauchten. Entlang des Aufganges gab es Nischen, in denen alte Ritterrüstungen standen. Man hatte sie auf Hochglanz poliert und im Schein der Leuchter glänzten sie um die Wette. Den Schülern standen die Münder weit offen. Mit so etwas hatten sie nicht gerechnet! Das übertraf alle ihre Erwartungen. Die Klassenlehrer standen schmunzelnd da und freuten sich, dass es den Kindern offensichtlich in der Burg gefiel.

Frank schaute staunend am Treppenaufgang entlang und betrachtete die Rüstungen. „Was die wohl erzählen können?“, flüsterte er mehr zu sich als zu den anderen. Peter tat derweil so, als könnte ihn das alles nicht beeindrucken. „Pah, was sollen die alten Klapperdinger denn schon erzählen! Komm mal wieder auf den Teppich“, schnaubte er. „Typisch Peter“, meinte Marie, denn der schlacksige Freund mit seinem blonden Lockenkopf hatte immer einen coolen Spruch auf den Lippen. Aber auch sie selbst war von der Burg in ihren Bann gezogen worden. „Wahnsinn“, entfuhr es ihr. „Ich habe das Gefühl, als wären wir direkt im Mittelalter gelandet – aber ...“, sie zögerte. „Was ist denn jetzt schon wieder?“, entfuhr es Peter. „Es beschleicht einen hier schon ein komisches Gefühl. So, als würde uns jemand beobachten.“ „Na, das kann ja heiter werden“, stöhnte Peter. „Frank redet mit Wänden und leeren Rüstungen und du denkst, dass sie dich beobachten. Also ich für meinen Teil will auf mein Zimmer und dann ganz schnell an die frische Luft!“

In diesem Moment erschien oben am Treppenabsatz ein Mann in einer schmierigen Latzhose. Er hatte schwarze, lockige Haare und einen sorgsam gestutzten Oberlippenbart. Sein Äußeres – besonders die schicken Schuhe – passte nicht so recht zu der Arbeitshose und zum Werkzeugkasten in seinen Händen. Er wirkte zu gepflegt für jemanden, der sich bei der Arbeit schmutzige Hände macht.

„Haha, gehört der etwa auch zum Inventar?", johlte Peter. „Ausgehendes 17. Jahrhundert?" Gerade wollte er über seine eigene Bemerkung lachen, als die dunklen Augen des Mannes ihn scharf fixierten – und es ihm den Atem verschlug. Was für ein kalter, durchdringender Blick! Während der Mann langsam die

Treppe hinunterkam, blieb sein Blick auf die vier Kinder gerichtet, bis er vor ihnen stand. „Na, du bist wohl ein ganz Schlauer“, knurrte er bedrohlich. Während die vier ihn gebannt anstarrten, eilte Herr Cramer auf die kleine Gruppe zu.

„Sie müssen der Hausmeister sein. Herr Ferdinand Meier? Erfreut, erfreut. Wir haben hier anscheinend ein kleines Problem. Ihr liebenswerter Herr Wolke sagte mir gerade, dass Sie uns gar nicht erwartet haben.“ „Erwartet? Hat man Sie nicht davon unterrichtet, dass wir in diesem Monat keine Buchungen annehmen, wegen der Renovierungsarbeiten? Ich habe Ihnen doch persönlich ein Fax geschickt.“ „Herrje, das ist anscheinend nicht bei uns angekommen! Was machen wir denn jetzt?“ Herr Cramer schaute sich verzweifelt nach Frau Heinen um. Sie kümmerte sich um die Schüler, die bereits etwas von den Unstimmigkeiten mitbekommen hatten.
Auf einmal kam Herr Wolke angelaufen. Er hatte mit dem Besitzer telefoniert. „Ich habe den Schlossherrn gerade angerufen. Es ist gar kein Problem! Sie können die Zimmer beziehen. Sie dürfen lediglich nicht die Bereiche betreten, die gesperrt sind. Auch die kleine

Kapelle am Ostflügel dürfen Sie nicht betreten."
Während Herr Wolke sie anstrahlte, bemerkte Frank, dass der kalte Blick des Hausmeisters auf dem alten Mann ruhte und er diesen wohl am liebsten sofort zum Schweigen gebracht hätte. Er schien eine Weile angestrengt nachzudenken, dann bat er um Ruhe und sagte in betont langsamem und recht unfreundlichen Ton: „Ich will keinen von euch in der Nähe der Baustelle sehen. Die Absperrungen sind weiträumig zu meiden. Um 22 Uhr wird das Licht gelöscht. Ich bin hier verantwortlich für die Sicherheit der Gäste und ich dulde keine Zuwiderhandlung meiner Anordnungen. Die Mädchenzimmer sind in der ersten Etage, die Jungenzimmer sind ein Stockwerk höher und die Waschräume befinden sich auf jeder Etage am Ende des Ganges. Die Türen sind durch entsprechende Schilder gekennzeichnet." Damit verschwand er durch eine Seitenpforte. „Was für ein unsympathischer Mensch", flüsterte Ute Marie zu, die zustimmend nickte. „Ihr habt ihn gehört!", rief Frau Heinen erleichtert. „Dann mal los, Betten beziehen!"

Marie und Ute konnten, wie wohl die meisten Schüler, in der ersten Nacht vor Aufregung kaum schlafen. Die beiden Mädchen saßen auf Utes Bett und unterhielten sich leise. Plötzlich gab es ein Geräusch. „Hast du das auch gehört?“, fragte Ute unsicher. „Was war das?“ Marie flüsterte: „Hört sich an, als würde draußen jemand herumschleichen. Aber wer ist um diese Zeit noch draußen unterwegs?“ „Es ist nach Mitternacht. Glaubst du, einer von uns will sich freiwillig von diesem widerwärtigen Hausmeister erwischen lassen?“, meinte Ute. „Ha, der hat bestimmt eine richtig mittelalterliche Folterkammer im Keller um ungehorsame Schüler zu quälen!“, kicherte Marie. Da das Geräusch nicht aufhörte, wurden die Mädchen nun immer neugieriger und spähten aus dem Fenster. Der Mond verschwand hinter den Wolken. „Du Marie“, sagte Ute aufgeregt, „da schleichen wirklich welche rum. Sieh mal, die haben eine Schubkarre und schleppen Schaufeln durch die Gegend.“ Die beiden Mädchen sahen sich an. Wer um Himmels Willen grub mitten in der Nacht? „Da stimmt etwas nicht. Komm, wir sehen uns das genauer an“, meinte Marie. Marie war schnell zu begeistern. Zudem war sie auch gar nicht ängstlich und wollte immer überall

dabei sein. Sie wartete auf Ute und strich sich eine blonde Strähne aus ihrem spitzbübigen Gesicht. Ute schloss leise die Zimmertür und schlich hinter Marie her, Richtung Treppe.
Plötzlich hielt Marie Ute am Arm fest. „Sei still, ich höre etwas“, flüsterte sie. Auf der Treppe waren Fußtritte zu hören. Ute und Marie drückten sich an die Wand. Die Schritte kamen näher. Sie hielten die Luft an.
„Meinst du, die Mädchen sind noch wach?“, ertönte Franks Stimme.
Die Mädchen atmeten erleichtert aus. „Ach, ihr seids

nur“, sagte Ute erleichtert. Die Jungen fuhren zusammen. Auf dem Flur hatten sie nicht mit Marie und Ute gerechnet.

„Mensch, was macht ihr denn hier?“, flüsterte Frank, der selbst jetzt seine rote Kappe aufhatte. „Wir haben etwas Seltsames beobachtet“, wisperte Marie. Ute erklärte ihm, was sie gesehen hatten. „Frank und ich haben so seltsame Geräusche gehört“, warf Peter leise ein, „und darum wollten wir nachschauen, was da los ist.“ Die vier schlichen vorsichtig die Treppe hinunter. Schließlich wollten sie der Sache auf den Grund gehen.

Das Licht des Vollmondes fiel fahl durch ein großes Fenster in die Halle. Nur ihre eigenen Schritte waren zu hören. Plötzlich schlug eine große Standuhr ein Uhr. Der tiefe Gong erfüllte die Halle und ließ die Schüler vor lauter Schreck zurück in die Zimmer flüchten.

Am nächsten Morgen erkundeten die Klassen das Gelände um die Burg. Marie, Ute, Frank und Peter waren sich einig, dass sie mehr über diese seltsamen Begebenheiten der letzten Nacht herausfinden wollten. Dazu würden sie trotz der Verbote erst einmal die Burg genau in Augenschein nehmen. Allerdings hatte keiner von ihnen Lust auf eine weitere nächtliche Episode mit solch kläglichem Ende. Daher warteten sie auf eine günstige Gelegenheit, durchquerten so geräuschlos wie möglich die Halle, schlichen eine Steintreppe hinunter und fanden sich vor einer Kellertür wieder. Sie standen vor einer Absperrung mit rot-weißen Bändern und ein Schild mit der Aufschrift „Zugang verboten“ hing an der Tür. „Also, wenn man uns so deutlich auffordert, müssen wir ja schon hineingehen“, meinte Peter grinsend und die vier schlüpften unter dem Band hindurch durch die Tür und standen in einem breiten Gang. Hier roch es modrig und es war sehr kalt und feucht. Auf beiden Seiten befanden sich schwere Holztüren. Am Ende des Ganges teilte sich der Weg nach rechts und links in zwei weitere Gänge. Die vier schauten hinter jede Tür, die sich öffnen ließ. Dabei knarrten manche Türangeln so laut, dass sie immer erschrocken innehiel-

BVK SR06 • Melanie Grabe: Unheimliche Klassenfahrt

ten und lauschten, ob jemand kam.

Sie folgten zunächst dem rechten Gang und öffneten dort alle Türen. Doch es gab nichts Interessantes zu entdecken. Sie wandten sich dem linken Gang zu. In einem der letzten Räume fanden sie eine Schubkarre und mehrere Schaufeln, die voller Dreck waren. „Wie sieht es denn hier aus?“, fragte Peter und schaute die anderen an. „Herr Wolke kommt wohl nicht oft hier her“, meinte Ute.

In der Mitte des Raumes stand ein Tisch, auf dem Papier, Stifte, leere Dosen und ein voller Aschenbecher standen. Auf dem Boden lag zerknülltes Papier

herum. Überall waren Abdrücke von sandigen Schuhen und von der Schubkarre. An den Wänden standen Holzlatten und auch sonst gab es allerlei Gerümpel in diesem Raum.
„Schaut euch an, wie viel Dreck auf dem Boden liegt." Frank überlegte: „Wenn das die Schubkarre von gestern Nacht ist, haben sie die bestimmt nicht auf dem Weg hergefahren, auf dem wir gekommen sind. Hier unten muss es noch einen Eingang geben. Aber was soll das alles?" Marie hob eine der Papierkugeln vom Boden auf. Plötzlich hörten sie ein Geräusch. „Oh-oh, da kommt jemand. Was jetzt?", fragte Ute ängstlich. Dabei hüpfte ihr brauner Pferdeschwanz vor Aufregung hin und her. Sie sahen sich hektisch um und Peter fand eine Tür, halb verdeckt von den Holzlatten.
„Sie ist nicht verschlossen. Schnell, zwängt euch durch. Aber Vorsicht, werft dabei keine Latte um!", mahnte er. Als er selbst hinterherschlüpfte, hörte er, wie die Kellertür geöffnet wurde.

Sie fanden sich an einer kleinen Treppe wieder, die durch eine niedrige Holztür hinaufführte. Als sie oben waren, erkannten sie, dass sie sich in der Kapelle am Ostflügel befanden. Zum Glück ließ sich die Außentüre öffnen. Sie schlossen sie leise hinter sich und rannten um die Burg herum zum Burghof zurück. Keuchend blieben sie stehen und sahen sich an. „Ui, das war knapp, was?“, ächzte Frank. Die anderen konnten ihm nur nickend zustimmen.

An diesem Tag machten die beiden Klassen einen Ausflug ins Grüne. Die vier Freunde zogen zusammen mit ihren Klassenkameraden los, fast ein wenig froh über die Ablenkung nach diesem aufregenden Zwischenfall im Keller.
Nachts achtete niemand auf irgendwelche Geräusche. Sie waren viel zu erschöpft von der langen Wanderung und schliefen schnell ein.

Beim Frühstück am nächsten Morgen herrschte große Aufregung. In der Nacht hatte man im Ort, nicht weit von der Burg entfernt, einen Juwelierladen ausgeraubt. Herr Wolke kam in den Frühstücksraum und berichtete aufgeregt, was er im Dorf erfahren hatte: „Der Inhaber des Juwelierladens ist verschwunden. Sie verdächtigen ihn, alles selbst geplant zu haben. Es gibt nicht die geringste Spur von

Gewalt, weder an der Tür noch am Safe. Aber wie die Alarmanlage ausgeschaltet werden konnte, bleibt ein Rätsel. Das ist normalerweise nur zusammen mit der Verkaufsleiterin, Frau Michels, möglich. Eine Sicherheitsmaßnahme, die schon vor Jahren getroffen wurde, das hat sie mir selbst erzählt. 300.000 Euro soll die Beute wert sein."

Die Schüler fanden die Geschichte sehr spannend. Ein echter Raub direkt vor ihrer Haustür! „Mensch!", ärgerte sich Marie. „Endlich passiert mal was und wir liegen im Bett und schlafen!" „So ein Pech!", schimpfte auch Peter. „Wenn wir was gesehen hätten, könnten wir vielleicht bei den Ermittlungen helfen. Hey, vielleicht gibt es sogar eine Belohnung! Sie sind doch eine Menge Kohle wert, die geklauten Juwelen." „Wir haben doch etwas gesehen", bemerkte Frank, und rückte abwesend an seiner Kappe herum. „Wir wissen nur nicht, ob es etwas mit dem Raub zu tun hat, aber das lässt sich doch feststellen. Wir müssen erst einmal auf eigene Faust recherchieren." „Detektiv spielen?", meinte Ute zweifelnd. „Stellt euch vor, unser toller Hausmeister wäre darin verwickelt ...", warf Marie ein. „Ja, und wir stellen ihn kalt!", schwärmte Peter.

Frau Heinen unterbrach die Überlegungen der Kinder: „Auf vielfachen Wunsch werden wir nach dem Frühstück ins Dorf gehen und uns den Tatort einmal selbst ansehen. Ihr gebt ja sonst eh keine Ruhe!“ Ein zufriedenes Murmeln erhob sich. Blitzschnell waren die Tische abgeräumt und schon bald danach brachen sie gemeinsam auf.

Im Dorf gab es einen kleinen Aufruhr. Die Polizei hatte den Juwelierladen versiegelt, und Wachposten standen vor der Tür. Andere Polizisten waren damit beschäftigt, die Schaulustigen fernzuhalten, was sich als äußerst schwierig erwies. Jeder wollte

BVK SH06 • Melanie Grade: Unheimliche Klassenfahrt

wissen, was genau passiert war. So etwas hatte es in dem kleinen Ort noch nie gegeben!
Eine Dame im Pelzmantel wurde von einem Polizisten zum Auto gebracht. Die Kinder erfuhren von den Dorfbewohnern, dass es sich bei der Dame um die Frau des Geschäftsführers handelte. Sie sah verweint aus und man hörte sie sagen: „Ich kann mir das nicht erklären. Es muss ihm etwas passiert sein ...“
Anwohner wurden befragt, aber anscheinend hatte niemand etwas gesehen oder gehört. Der Überfall blieb ein Rätsel. Frank, Marie, Ute und Peter wollten so viel wie möglich mithören und schlichen deshalb zwischen den Befragten umher.
Schließlich schickten die Polizisten alle Umherstehenden fort.

Die Klassen gingen zurück zur Burg und tummelten sich im angrenzenden Park. Marie, Ute, Frank und Peter nutzten die Gelegenheit um ausgiebig über den Raub zu diskutieren. „Mir gefällt das alles nicht“, bemerkte Peter. „Wie meinst du das?“, fragte Ute. „Mensch, ist doch klar! Hier ist was faul. Zuerst wusste Herr Wolke nichts von unserer Ankunft, dann dieser komische Hausmeister und zuletzt noch diese Gestalten, die nachts um die Burg rumschleichen ..." Marie ergänzte: „Und jetzt dieser Juwelendiebstahl, das geht alles nicht mit rechten Dingen zu." „Ganz klar, heute Nacht gehen wir wieder auf Entdeckungstour", meinte Peter. „Wäre doch gelacht, wenn wir nicht rausfinden würden, was hier los ist!" Frank und Ute nickten. Marie, die in ihren Taschen gekramt hatte, stieß einen unterdrückten Schrei aus. Die anderen sahen sie an. „Mensch, ich hab noch diese Papierkugel aus dem Keller in der Tasche. Als wir so überstürzt wegliefen, habe ich sie wahrscheinlich automatisch in die Jackentasche gestopft." „Zeig her!" Peter riss ihr das Papier fast aus der Hand. Sie zog es auseinander und glättete es. Jemand hatte irgendwelche Berechnungen auf dem Blatt notiert. Unter dem Ganzen prangte ein dick unterstrichenes Datum. „Das war gestern. Das ist das Datum des Überfalls. Vielleicht sind wir ja auf der richtigen Spur", sagte Frank. „Ja, aber was bedeuten diese ganzen Zahlen?", fragte Ute. Peter, der mal wieder alles wusste, sagte mit Kennerblick: „Die haben berechnet wie die Beute zu teilen ist. Waren natürlich mehrere." „Sicher, deshalb haben sie in Kubikmetern geteilt", warf Frank mit spöttischer Miene ein. „Und schaut mal hier, so fremde Zeichen, sieht beinahe wie eine Geheimschrift aus, oder?" „Wir müssen runter in den Keller. Vielleicht finden wir weitere Hinweise." Die anderen waren Maries Meinung. Als Peter sich jedoch nach dem Essen zur Kellertür schlich, stellte er fest, dass sie verschlossen war. Den Weg durch die Kapelle konnten sie nicht nehmen, ohne Gefahr zu laufen, erwischt zu werden. Deshalb warteten sie, bis die Dunkelheit hereinbrach.

Ungeduldig saßen die vier Freunde in ihren Zimmern. Sie hatten sich für Mitternacht auf dem Korridor verabredet, denn dann konnten sie sicher sein, dass auch die Lehrer zu Bett gegangen waren. Frank und Peter hatten sich in der Zwischenzeit den Zettel mit den Zahlen und Zeichen vorgenommen.

Tatsächlich befand sich darauf ein Text in einer Geheimschrift. Frank starrte schon seit einer Stunde darauf und versuchte den Code zu knacken. Manchmal schrie er kurz auf und machte sich hektisch Notizen, die er jedoch nach kurzer Zeit wieder kopfschüttelnd ausstrich. Endlich, kurz vor zwölf, schaute er Peter triumphierend an. „Ich glaube ich habe es, Kumpel! Wenn mich nicht alles täuscht, dann hat hier jemand mit „Flinker Ferdi“ unterschrieben. Es geht um irgendein Treffen.“ „Flinker Ferdi? Was ist das denn für ein blöder Name?“ „Seltsam“, murmelte Frank. „Sehr seltsam.“ Seine Gedanken wurden von Peter unterbrochen. „Komm, es ist fünf vor zwölf!“ Frank erhob sich unwillig und rückte seine rote Kappe zurecht. „Das muss irgendwie alles zusammenhängen!“ Sie schlichen zur Tür und warteten auf den Gong der Uhr. Endlich schlug die Uhr Zwölf und sie machten sich auf den Weg. Die Mädchen kamen gerade aus ihrem Zimmer. „Nicht, dass ein alter Ritter hier herumschleicht“, wisperte Ute ängstlich und ihr Pferdeschwanz hüpfte im Takt ihrer Bewegungen auf und ab. „Ach, so ein Quatsch! Mach dich nicht lächerlich!“, fuhr Peter sie an. „Psst“, warnte Frank, „seid doch still.“ Die vier Freunde schlichen die Treppe hinunter und tasteten sich zur Kellertür vor. Diesmal war die Tür unverschlossen. Frank hatte eine Taschenlampe mitgenommen und leuchtete ihnen den Weg. Sie hatten fast den Raum mit der Schubkarre erreicht, als plötzlich ...

„Stimmen“, wisperte Ute aufgeregt, „schnell weg hier.“ Das war leicht gesagt, aber wohin? Die Stimmen wurden immer lauter und der Gang war eine Sackgasse.

Hektisch versuchten sie die Türen zu öffnen. Man würde sie entdecken! Langsam bekamen sie Angst. Da war noch eine Tür, ihre letzte Rettung. Zum Glück ging sie auf, die Vier stürzten sich in den Raum und schlossen gerade wieder die Tür, als scheinbar mehrere Personen in den Gang einbogen.

Ute, Peter, Marie und Frank lauschten angestrengt und versuchten möglichst kein Geräusch zu machen. Ihre Herzen pochten, als sie hörten, wie diese Personen vor ihrer Tür stehen blieben. Doch plötzlich wurden ihre Stimmen leiser, sie waren offenbar in den gegenüberliegenden Raum gegangen.

Durch die Tür gedämpft, konnten die Freunde die Unterhaltung hören: „Was machen wir jetzt mit ihm?“, fragte eine tiefe Männerstimme. Jemand antwortete: „Ich habe keine Ahnung, Carlos. Zu blöd, dass er seine Brille vergessen hatte. Er kam uns einfach in die Quere.“ „Leider hat er Ferdi und mich gesehen. Er kann uns beschreiben“, sagte eine Frauenstimme. „So ein Mist, da haben wir ja nicht viele Möglichkeiten!“ Die Kinder hörten, wie eine Tür geschlossen wurde und verharrten reglos. Es schienen drei Personen zu sein. „Sie sind gegenüber“, flüsterte Marie. „Oh Gott, was ist hier los?“ Ute begann sich zu fürchten. Diese Unterhaltung sollten sie gewiss nicht mit anhören. „Psst, seid still“, mahnte Frank, „ich hab da so einen Verdacht.“ Er schaute Peter beschwörend an. Der hatte auch den Namen Ferdi gehört! Flinker Ferdi stand auch auf dem Zettel. Aber wer war Ferdi? Frank hatte eine Vermutung. Wenn Ferdi die Abkürzung für Ferdinand war, dann … – Sein Herz schlug schneller.

Er öffnete vorsichtig die Tür und horchte an der gegenüberliegenden Türe, hinter der die Ganoven verschwunden waren. Die anderen folgten ihm. „Riecht ihr das auch?“, wisperte Ute. „Was für ein aufdringliches Parfüm!“ „Was dir wieder auffällt“, grummelte Peter. „Wen interessiert das?“ Man hörte einige undefinierbare Geräusche, dann: „Ha, schau dir das an. Dieser Schmuck, diese Uhren und Diamanten! Wir haben ausgesorgt! Und diese Deppen von der Polizei wundern sich, wie wir das Ding gedreht haben.“ Die Drei lachten. „Deine Idee, den alten Burgplan auf einen Fluchttunnel hin zu untersuchen war genial, Fer-

di! Dass der Tunnel genau bis neben das Juweliergeschäft führt, dorthin, wo früher die Waffenschmiede war, war perfekt." „Und dass sie einen Hausmeister für die Burg suchten, war ein Wink des Schicksals!", lachte Ferdi. „Ein bisschen Arbeit und schon ist man reich. Bis die Polizei dahinter kommt, liegen wir am Strand von Hawaii und lassen uns verwöhnen. Jetzt dürfen wir uns bloß keine Fehler mehr erlauben. Es reicht schon, dass die Sache mit den Schülern verbockt wurde. Weshalb hast du Idiot zugelassen, dass diese dämlichen Klassen hier wohnen dürfen?", fauchte die Frau. „Mensch Sybille, was sollte er denn machen?“, entgegnete Carlos. „Wenn er den alten Wolke aufgefordert hätte sie wieder zurückzuschicken, wäre das sehr verdächtig gewesen. Er hat in der ganzen Aufregung vergessen, der Schule abzusagen. Und im Übrigen, eine bessere Tarnung hätten wir uns doch gar nicht wünschen können. Schließlich konnten wir nicht die ganze Burg als Baustelle tarnen, ohne dass jemandem aufgefallen wäre, dass überhaupt nicht renoviert wird.“ „Na ja, stimmt schon, Carlos“, lenkte die Frau ein. „Hunderttausend für jeden – nicht schlecht. Aber was machen wir mit dem Juwelier?“

„Tja, den Juwelier müssen wir wohl beseitigen“, hörten die Kinder Carlos sagen. „Bevor wir uns absetzen und den Gang von der Kapelle in den Keller für immer dicht machen, werden wir ihn einfach dort vergessen.“ „Ups, welch ein Versehen“, kicherte Sybille. „Ich mach es ja nicht gerne, aber er ist selbst Schuld, wenn er mitten in der Nacht in seinem Laden erscheint. Ich lasse mir die Kröten seinetwegen nicht entgehen, niemals!“ „Sicher nicht, Schätzchen. Aber jetzt lass uns Ordnung schaffen. Wir müssen unsere Spuren beseitigen. Man weiß nie, wo dieser neugierige Herr Wolke herumschnüffelt“, mahnte Carlos.

BVK SH06 • Melanie Grade: Unheimliche Klassenfahrt

Peter nagte an seiner Unterlippe. Das war ja alles hoch interessant! Eine der Stimmen war die des Hausmeisters Ferdinand Meier, genannt Flinker Ferdi. Er hatte also den Raub mit zwei Komplizen verübt. Sie hatten doch geahnt, dass er etwas damit zu tun hatte. Anscheinend hatten die drei Diebe einen alten Tunnel entdeckt, der von der Burg ins Dorf führte. Einen Teil des geheimen Ganges hatten sie bei ihrem letzten Besuch im Keller selber zur Flucht genutzt. Die Ganoven hatten ihn verlängert und schon kamen sie unter dem Juweliergeschäft aus, konnten in aller Ruhe die Vitrinen ausräumen, den Gang zuschütten und verschwinden. Die vier Freunde zogen sich in ihr Versteck zurück um nicht in die Fänge der Bande zu geraten.

„Denkt ihr, was ich denke?“, fragte Frank leise. Die anderen nickten. „Wir können zwei und zwei zusammenzählen“, flüsterte Marie. „Ich geh‘ noch mal lauschen. Vielleicht bekomme ich heraus, was sie jetzt vorhaben“, sagte Peter, zog die Türe hinter sich zu und verschwand. In dem dunklen Gang fühlte er sich sicher und so hörte er nicht die nahenden Schritte, während er sein Ohr an die Tür drückte.

Plötzlich wurde Peter unsanft von hinten am Nacken gepackt. „Sieh mal an, wen haben wir denn hier? Hast du etwa gelauscht?“, fragte ein Mann mit lauter Stimme. Peter sah sich ängstlich nach dem Mann um.
Es war der Hausmeister Ferdinand Meier. Er musste aus dem Raum gegangen sein, als sich die vier Freunde beraten hatten, denn er war wie aus dem Nichts aufgetaucht. Peter suchte nach einem Ausweg, doch ihm fiel nichts ein. An Flucht war nicht zu denken, denn der Hausmeister hielt ihn mit starken Händen fest.
„Gelauscht? Warum denn?“, erklang Peters Stimme zittrig. Und schon wurde die Tür aufgerissen und die beiden anderen Ganoven erschienen. „Gut, dass ich noch einen Kontrollgang außen herum gemacht ha-

be", triumphierte Ferdi. „Was ist los?", fragte Carlos. Er war ziemlich klein und stämmig und sein dicker Bauch quoll über die Hose.

„Die verdammten Gören, ich hab es doch gesagt, Carlos!", kreischte Sybille. Mit spitzen Fingern hielt sie ihre Zigarette in die Luft und blies Peter den Rauch ins Gesicht. „Bist du allein?" „Ja", brachte Peter mühsam über die Lippen. „Was treibst du dich hier herum?"

Die lautstarke Reaktion der Einbrecher hatten Frank, Ute und Marie natürlich gehört. Ihnen war klar, dass Peter in Schwierigkeiten war.

„Was machen wir jetzt?" Ute zitterte am ganzen

Körper vor Angst. „Wenn sie uns auch noch finden, ist es aus. Wir werden alle in dem Gang verschüttet." „Ich weiß was", sagte Marie tapfer. „Sie werden Peter nie glauben, dass er alleine ist. Aber ein heimliches Treffen mit einer Freundin kaufen sie uns vielleicht ab. Ich werde sie ablenken und ihr lauft zurück nach oben und weckt die Lehrer. Sie müssen die Polizei benachrichtigen." „Was hast du vor, Marie?", wollte Frank wissen.

„Die Diebe haben ihre Tür aufgelassen und wir sitzen in einer Sackgasse. Da kommen wir nicht vorbei. Ich werde da rüberlaufen und ein wenig Theater machen. Und ihr flitzt sofort los zu Frau Heinen und Herrn Cramer. Wer weiß, ob sie uns nicht entführen oder als Geisel nehmen werden." Die anderen hatten keine bessere Idee und stimmten Marie zu. Sie öffnete ganz langsam die Tür. Im anderen Kellerraum waren sie mit Peter beschäftigt. Sie öffnete die Tür soweit, dass Frank und Ute hinter ihr in den Gang schlüpfen konnten. Nur einen Augenblick später sah Carlos zur Tür.

Marie holte tief Luft und stürmte in den Raum, laut auf Peter schimpfend: „Also, du hast Nerven, mich hier in dunkler Kälte sitzen zu lassen!"

Ute und Frank schlichen derweil den Gang entlang und hörten gerade noch wie Sybille keifte: „Noch ein Gör! Was ist denn hier los, warum schlafen die nicht?" Dann bogen Ute und Frank um die Ecke, rannten zur Kellertür, hasteten die dunkle Treppe hinauf, durch die unheimliche Halle und zu den Lehrerzimmern.
„Glaubst du, sie haben uns gesehen?", keuchte Ute.
„Weiß nicht. Mach schnell, du gehst zu Frau Heinen."
Sie polterten gegen die Zimmertüren und riefen nach ihren Lehrern. Frau Heinen erschien im Morgenmantel und schaute ein wenig verschlafen drein. „Was ist los, ist jemand krank?" Herr Cramer indes riss sehr ärgerlich die Tür auf und bellte: „Was sollen diese Scherze?

Es ist fast ein Uhr! Ihr solltet im Bett liegen!" Trotzdem konnte Frank ihn überreden, sich einen Mantel anzuziehen und mit zum Zimmer von Frau Heinen zu kommen. Dort redete Ute gerade auf die Lehrerin ein. „Hören Sie doch zu!", rief Ute mit dem Mut der Verzweiflung. „Marie und Peter sind von den Juwelendieben geschnappt worden und der Geschäftsführer ist unschuldig, in Wahrheit waren es der Hausmeister und seine Komplizen", sprudelte sie hervor. „Was redest du da? Wo sind Peter und Marie?", entgegnete Frau Heinen etwas unwirsch. „Frau Heinen", mischte sich Frank ein. „Sie müssen sofort die Polizei rufen. Die Juwelendiebe sind im Keller, wir haben sie belauscht, aber sie haben Peter und Marie erwischt und jetzt müssen wir handeln, bevor sie mit unseren Freunden verschwinden."

Langsam wurde den Lehrern doch mulmig und nachdem Ute und Frank alles genau erzählt hatten, zog sich Frau Heinen rasch an. Auch Herr Cramer verschwand kurz in seinem Zimmer und kam mit seinem Handy zurück. Gemeinsam gingen sie mit den Schülern ganz leise die Treppe hinunter und stahlen sich über die Eingangspforte nach draußen. Herr Cramer wählte mit seinem Handy 110 und überzeugte die

Polizei, dass sie schnell kommen musste.
„Vielleicht sollten wir der Polizei entgegengehen, sie darf mit ihren Sirenen nicht die Einbrecher warnen“, meinte Herr Cramer zu Frank und ging mit ihm Richtung Dorf.
Frau Heinen sagte zu Ute: „Und wir sollten den Keller im Auge behalten.“ „Aber es gibt zwei Eingänge, eine Tür ist im Schloss, die andere befindet sich auf der Rückseite des Gebäudes in der Kapelle“, erklärte Ute. „Dann ist es vielleicht besser, wenn wir hinausgehen. Durch die Halle werden sie nicht kommen, das ist zu riskant. Da draußen im Dunkeln hört und sieht sie jedoch niemand“, überlegte Frau Heinen. Sie sah besorgt zu den Schlafsälen hinauf. „Hoffentlich habt ihr niemanden geweckt. Das fehlte mir gerade noch, dass der Rest von euch auch noch hier herumspukt.“ Es blieb jedoch still und vorsichtig schlichen die beiden um die Burg herum um den Kellerausgang zu beobachten. Es schien eine Ewigkeit zu dauern, bis Herr Cramer und Frank mit der Polizei erschienen. Sie hatten nur das Blaulicht an, damit die Ganoven nicht gewarnt wurden. Die Polizisten verteilten sich rund um die Burg und betraten dann den Keller von zwei Seiten. Sie bewegten sich möglichst leise, bis sie die

von Ute und Frank beschriebene Tür erreichten. Sybille und Ferdi waren vollkommen überrascht, als die Türe aufflog und die Polizisten in den Keller stürmten. Als erstes wurden Marie und Peter nach oben gebracht. Im Weggehen hörten sie, wie Sybille mit schriller Stimme schrie: „Du Idiot, du bist schuld! Außerdem hast du mich überredet, alles war deine Idee, und dieser dämliche Carlos …“

Marie und Peter grinsten sich an, als sie mit den Polizisten nach oben stiegen. In der Eingangshalle warteten Frau Heinen, Herr Cramer und natürlich Frank und Ute. Die Freunde fielen sich in die Arme. Frau Heinen und Herrn Cramer war deutlich ihre Erleichterung anzusehen, dass den Schülern bei dieser nächtlichen Aktion nichts passiert war.

Wenig später kamen die Polizisten aus dem Keller. Sybille und der flinke Ferdi wurden in Handschellen abgeführt. Der Polizeiinspektor Hendrik Gruber, der den Einsatz geleitet hatte, trat auf sie zu: „Da habt ihr tolle Arbeit geleistet. Ohne euch wären die Ganoven über alle Berge. Die beiden Festgenommenen haben gestanden, schließlich wurden sie mit der Beute erwischt. Sie beschuldigten sich gegenseitig. Die Fahndung nach dem dritten Mann, Carlos, läuft schon. Der

muss unterwegs sein, ein Fluchtauto besorgen."
Er wurde unterbrochen, als zwei Polizisten mit einem erschöpft aussehenden, kleinen Mann zurückkamen. Er hatte kurze, dunkle Haare, sein Anzug hatte ein wenig gelitten, aber die Fliege saß immer noch perfekt. Es war der Juwelier. „Der Polizist hat mir gerade erzählt, dass ich euch meine Befreiung zu verdanken habe! Tausend Dank!" „Gern geschehen!", sagten die Vier gleichzeitig. „Wo wurden Sie denn nun versteckt?", wollte Marie wissen. „In dem Tunnel, den die Gangster gegraben haben. Dort hat man mich an einen Stuhl gefesselt und geknebelt! Furchtbare Menschen! Und diese Frau, was für ein schreckliches Parfüm." Alle lachten und verabschiedeten sich herzlich von dem netten Juwelier, der von der Polizei mitgenommen wurde.

„So, jetzt noch einmal zu euch", sagte der Inspektor mit strenger Stimme zu den Kindern. „Erzählt noch einmal genau, wie ihr darauf gekommen seid, dass hier etwas nicht stimmt."

„Weibliche Intuition“, sagte Marie schmunzelnd. „Pah!“ riefen Frank und Peter. Alle lachten und dann erzählten sie dem Polizisten alles von dem zweiten Eingang in der Kapelle, den Papierfetzen, dem Tunnel und von den Gesprächen zwischen den Ganoven, die sie mitgehört hatten. Frank und Peter kramten wieder den zerknüllten Zettel hervor. „Hier“, berichtete Frank ganz stolz, „das hat Marie im Keller gefunden! Und wir haben die Notizen beinahe entschlüsselt! Die Ganoven müssen schon eine ganze Zeit an dem Tunnel gearbeitet haben. Dies beweist, dass der Einbruch schon lange geplant war.“ Der Inspektor staunte nicht schlecht. „Na, dann wird sich jetzt erst einmal die Spurensicherung um den Tatort kümmern und wir unterhalten uns morgen noch einmal“, meinte der Inspektor.
Durch die Unruhe in der Halle waren mittlerweile alle Schüler auf den Beinen. Sie liefen aufgeregt hin und her. Nachdem der Inspektor gegangen war, kamen sie alle neugierig zu Ute, Marie, Peter und Frank und fragten sie aus. Es dauerte eine Weile, bis Frau Heinen und Herr Cramer die aufgedrehte Schar wieder in den Betten hatten.

Am nächsten Morgen waren Peter, Ute, Frank und Marie natürlich die Helden des Tages.

Der Inspektor erschien noch einmal und unterhielt sich mit den vier jungen Detektiven. „Also, diesen Carlos haben wir gestern Nacht noch im Dorf geschnappt. Er versuchte gerade ein Auto zu stehlen. Von der Versicherung kann ich euch mitteilen, dass ihr eine Belohnung bekommt. Schließlich wurde durch euch der Schmuck gerettet."

„Das ist stark!", riefen die Vier fast gleichzeitig. „Jetzt muss nur noch der normale Papierkram erledigt werden, aber eure Aussagen haben wir ja schon. Ihr habt Glück gehabt, dass alles so glimpflich abgelaufen ist", sagte Inspektor Gruber. „Warum seid ihr nicht sofort zur Polizei gegangen?" „Wir brauchten doch Beweise", belehrte Frank ihn. „Wenn sie zu früh gekommen wären, hätten die Drei vielleicht alle Beweise vernichtet und wären zeitig genug gewarnt gewesen, um sich mit der Beute aus dem Staub zu machen", erklärte Peter, der nach dem nächtlichen Erlebnis schon wieder Oberwasser hatte. „Wie dem auch sei, ihr seid sehr wachsam gewesen. Ohne euch hätten wir die Diebe nicht so schnell erwischt."

„Wenn überhaupt", ergänzte Peter. Frau Heinen sah

ihn schmunzelnd an: „Ihr seid richtige Detektive. Ich bin stolz auf euch."

Der letzte Tag ihres Klassenausfluges verging viel zu schnell. Abends feierten alle zusammen ein großes Fest, auf dem sich die vier Freunde kräftig feiern ließen. Am nächsten Morgen holte sie der Bus wieder ab. Ute, Peter, Frank und Marie warfen noch einen letzten Blick auf die Burg. Herr Wolke winkte freundlich, bevor sie in den Bus einstiegen. Diesmal überließen ihnen ihre Mitschüler freiwillig die Plätze auf der letzten Bank.
„Was für ein Abenteuer!", meinte Frank. „Ich freue mich schon auf die nächste Klassenfahrt!", ergänzte Ute. „Ich freue mich nur auf mein Bett", entgegnete Marie – und darin waren sie sich alle einig.